José Manuel
Vega Báez

→21←

Reglas de liderazgo para superar las

CRISIS

SERIE CIMA
Liderazgo de Alto Nivel

21 Reglas de Liderazgo para Superar las Crisis
Primera edición: Agosto de 2020

D.R. José Manuel Vega Báez 2020
Ocote 52 Col. Huayatla 10360
Magdalena Contreras, Ciudad de México
www.seriecima.com
info@seriecima.com

Dedicatoria

A todos los alumnos de licenciatura y posgrado con quienes he compartido el aula física o virtual desde agosto de 1985, representados por mi más reciente grupo integrado por: Adrián Zentella Tusie, Alejandra Cornelio Jiménez, Alejandra Villarreal Sánchez, Alejandro Uzeda Moyano, Alondra Villarreal Guevara, Ana Paula Ramírez De Gyves, Carlos Ávila López, Emilio González Romero, Erhin Sosa Palacios, Fabricio Fuentes Fuentes, Fernanda Andrade Reyes, Henry Cabrera Vela, Jessica Moreno Oropeza, Jocelyn Estrada Garibaldi, José Gabino Galindo, Juan Carlos De los Santos Hernández, Liz Ibarra Rico, Luz Ibarra Juárez, Marifer Gutiérrez Collins, Melissa Matos Encarnación, Monserrat Anrrubio Toledano, Omar De la Torre Vadillo, Paola Reyes López, Reynaldo Casas Gómez, Samantha Arévalo Torres, Sara Gómez Menchaca, Saray Beltrán Félix, Tony Rivera Corona, Wei Cheng Hsiung y Ximena Luna Cuevas.

Índice

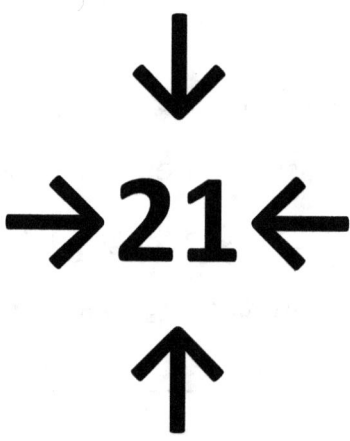

Siete Nociones Cósmicas

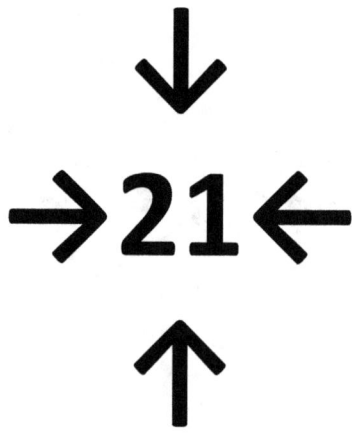

José Manuel Vega Báez

Primera Noción Cósmica

Para muchas personas crisis es sinónimo de falta de claridad, de incertidumbre, de oscuridad, de noche...

Y una de las reacciones más naturales de los seres humanos cuando buscamos orientación en medio de la noche consiste en elevar nuestra mirada al cielo en donde la imagen más grande que encontraremos corresponderá a la Luna y, como ya sabemos, el tamaño de nuestro satélite aparecerá magnificado con respecto a los demás cuerpos celestes en razón de su cercanía a la Tierra.

Cercanía

Primera noción cósmica para superar las crisis.

El líder requiere estar más cerca que nunca de sus colaboradores porque en las épocas difíciles es cuando ellos necesitan sentirse más próximos a su guía, alguien que debe ser capaz de dar luz a su camino, ayudándoles a transitar cuando el panorama se aprecia sombrío.

De acuerdo a la operación que se desarrolle, al tipo de personas que integran el colectivo y a las características propias del líder, esta proximidad debe concretarse en las diversas formas que más convengan, sin embargo, existen tres reglas universales que la propia Luna nos sugerirá: **#1, #8 y #15.**

Segunda Noción Cósmica

Siguiendo adelante con nuestra búsqueda de orientación en la bóveda celeste nocturna es bastante probable que nos llame la atención el Planeta Rojo...

Marte es otro de los cuerpos espaciales que puede ser advertido a simple vista y en la actualidad es el planeta más parecido a nuestra Tierra en muchos aspectos: es de naturaleza rocosa, cuenta con atmósfera, posee casquetes polares, su día sideral dura 24 horas, presenta cuatro períodos estacionales al año y tiene agua, aunque solo en estado gaseoso en la atmósfera y en estado sólido en el suelo. Este conjunto de similitudes han hecho que se desarrolle una especie de empatía, es decir una identificación mental y afectiva, entre la vida terrestre y la posible vida marciana.

Empatía

Segunda noción cósmica para superar las crisis.

Más allá de la primera noción relativa a la cercanía, el líder debe hacer un esfuerzo consciente para lograr la empatía con sus colaboradores. En las épocas difíciles es imperativo dejar atrás las simpatías y las antipatías naturales que existen entre los seres humanos para dar paso a un nuevo ambiente de empatía que permita la compenetración de todos los integrantes de un colectivo.

Esta labor de unificar los lazos mentales y afectivos puede ser más fácil si se toman en cuenta las tres reglas que Marte nos propondrá: **#2, #9 y #16.**

José Manuel Vega Báez

Tercera Noción Cósmica

Mercurio, al igual que la Luna y Marte, es otro de los siete cuerpos celestes que pueden ser apreciados a simple vista y que cambian de posición relativa en la bóveda celeste a lo largo del tiempo...

Se trata del planeta más pequeño de nuestro Sistema Solar que por esta característica podría ser poco valorado, sin embargo posee algunos atributos notables: es el planeta más cercano al Sol y es el que viaja a la velocidad más rápida, por tanto, es el que completa en menor tiempo su órbita. También es el que tiene el contenido porcentual de hierro más alto y el que posee el núcleo más grande con relación a su tamaño. Estas y otras cualidades le brindan a Mercurio una grandeza intrínseca que es difícil descubrir en primera instancia, por lo que es necesario un proceso consciente que busque, encuentre y potencie esas propiedades.

Desarrollo

Tercera noción cósmica para superar las crisis.

Después de trabajar en la cercanía y en la empatía –las dos primeras nociones cósmicas–, es fundamental que el líder en tiempos de crisis se concentre en el desarrollo personal de su colectivo de trabajo, comenzando por el propio desarrollo.

Parecería contradictorio; ¿cómo es que si las cosas están más difíciles que nunca, distraiga la atención de mi colectivo en propiciar su desarrollo personal? La respuesta es muy simple: para enfrentar con éxito cualquier situación adversa se requieren de las mejores aptitudes y actitudes y la forma más segura de buscarlas, encontrarlas y potenciarlas es a través del desarrollo personal. Tres reglas nos planteará Mercurio: **#3, #10 y #17.**

Cuarta Noción Cósmica

El cuarto cuerpo celeste que puede verse desde la Tierra sin ayuda de instrumentos y que servirá para orientarnos es Júpiter, el mayor de todos los planetas...

Su tamaño es colosal; equivalente a casi dos veces y media la masa de todos los demás planetas del Sistema Solar juntos. Su imagen es majestuosa: una excelsa combinación de tonos marrón y ocre en la que destaca su Gran Mancha Roja, una formación meteorológica de dos veces y medio el tamaño de la Tierra.

Sin lugar a dudas que Júpiter sugiere grandeza, pero más allá de ese atributo en el plano físico, es preciso atravesar la frontera en la que dicha cualidad se transforma en generosidad.

Generosidad

Cuarta noción cósmica para superar las crisis.

En la lógica que estamos siguiendo, una vez que nos hemos percatado de la importancia del desarrollo –la tercera de nuestras nociones cósmicas–, conviene dejar en claro que el auto desarrollo del líder solo alcanza su máxima expresión comunitaria cuando permite que aflore la generosidad.

Hablar de generosidad en tiempos de adversidad parece un disparate, ¿acaso no son momentos de "sálvese quien pueda"? ¡Por supuesto que no! Es imprescindible dejar en claro que todas las crisis consecuenciales, es decir, las que provienen de conflictos mal manejados, tienen en su origen un importante componente de falta de generosidad: cuando la conducta humana opera con mezquindad, solo es cuestión de tiempo para que la crisis se haga presente.

José Manuel Vega Báez

Veámoslo desde un ángulo opuesto: por ejemplo, cuando ocurre una crisis circunstancial, es decir por causas naturales, el trabajo desinteresado de los voluntarios es el que al inicio tiene la capacidad de tomar el control de la situación y buscar restablecer el orden perdido. Por tanto, atenderemos a las reglas de generosidad de Júpiter: **#4, #11 y #18.**

Quinta Noción Cósmica

En nuestro recorrido espacial en busca de orientación para los períodos difíciles, sin duda que Venus debe llamarnos la atención debido a su singularidad...

Venus es un planeta que se manifiesta de un modo muy particular y muy diferente a los demás: marcha al ritmo de su propia música y logra generar la admiración de quienes lo observan. Baste mencionar tres características que lo hacen cautivador: es el único planeta cuyo brillo puede verse de día, tiene una órbita casi circular y su rotación es retrógrada, es decir, que gira sobre su propio eje en el mismo sentido de las manecillas del reloj. Dicho en una sola expresión: Venus es auténtico.

José Manuel Vega Báez

Autenticidad

Quinta noción cósmica para superar las crisis.

La autenticidad con entonación positiva es uno de los recursos más poderosos de los que se puede valer un líder para encabezar a su colectivo en los momentos complicados. Pero mucho cuidado, ya que no solo se trata de ser originales, sino también de estar seguros que esta originalidad está matizada de una orientación al bien común. Venus nos planteará tres reglas: **#5, #12 y #19.**

Sexta Noción Cósmica

Saturno es uno de los cinco planetas que pueden observarse a simple vista desde la Tierra y, al igual que Mercurio, Venus, Marte y Júpiter —los otros cuatro que comparten esta característica—, cambia de posición relativa en la bóveda celeste a lo largo del tiempo. Y no obstante que es el más lejano de todos ellos, para la mayoría de las personas Saturno es el planeta más admirable...

Como bien lo sabemos, este asombro no se gesta a partir de la masa planetaria en sí misma, sino de la armónica relación que guarda con sus anillos circundantes. Se trata de un equilibrio inmejorable entre un ente gobernante y varios entes gobernados, en el que se pone de manifiesto una sublime armonía que atiende con mucho cuidado a las demandas de la convivencia comunitaria.

José Manuel Vega Báez

Colectividad

Sexta noción cósmica para superar las crisis.

¿Por qué razón es tan importante la colectividad? Quizá valga la pena echar una mirada al otro lado de la moneda: el individualismo es, con mucho, la forma más efectiva para terminar con el trabajo en conjunto, pues en cuanto los integrantes de una agrupación –comenzando por su líder– privilegian el bien particular sobre el bien común, de inmediato se derrumba la solidaridad indispensable para seguir unidos. Revisaremos las reglas de Saturno sobre este tema: **#6, #13 y #20.**

Séptima Noción Cósmica

Cuando nuestros antepasados observaron el cielo a simple vista se dieron cuenta de que la gran mayoría de los objetos brillantes no cambiaban de posición relativa entre ellos. La excepción estaba conformada por siete cuerpos celestes que dieron origen a los nombres de los días de la semana: la Luna (lunes), Marte (martes), Mercurio (miércoles), Júpiter (jueves), Venus (viernes), Saturno (Saturday) y el Sol *(Sunday)*...

Es por esa razón que nuestro viaje sideral en busca de consejos de liderazgo comenzó con la Luna y finalizará con el también llamado Astro Rey. Y aunque cada uno de estos siete cuerpos celestes posee un encanto particular, el más asombroso de todos ellos es el Sol, ya que es el único capaz de brillar con luz propia, y por tanto, constituye el núcleo esencial de lo que conocemos como Sistema Solar.

Inspiración

Séptima noción cósmica para superar las crisis.

Debe quedar bien claro que, más allá de la cercanía de la Luna, de la empatía de Marte, del desarrollo de Mercurio, de la generosidad de Júpiter, de la autenticidad de Venus y de la colectividad de Saturno, en los momentos de adversidad es indispensable que el líder irradie inspiración de forma análoga a la irradiación luminosa del Sol. En sus tres reglas veremos de qué manera: **#7, #14, #21.**

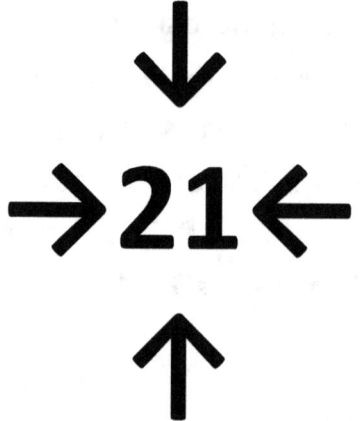

José Manuel Vega Báez

Primer Ciclo Cósmico
Reglas #1 a #7

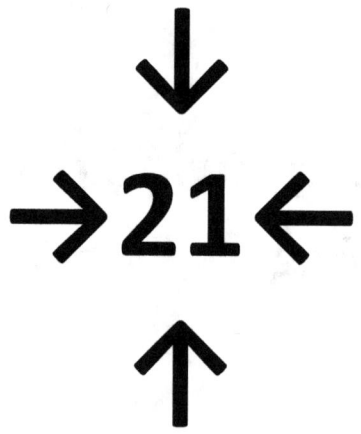

José Manuel Vega Báez

Regla #1
La marea lunar
Cercanía con las personas

El gradiente gravitatorio producto de la relación dinámica entre las masas de la Tierra y de la Luna da como resultado el fenómeno de las mareas, en el que el nivel de las aguas sube y baja dos veces cada 24 horas. La marea alta se presenta en dos sitios de nuestro planeta al mismo tiempo: en los puntos más cercano y más lejano de la Luna, lo que denota su influencia ininterrumpida.

Mantén una comunicación continua con los miembros de tu colectivo.

En el caso del ejercicio de liderazgo, no se trata de escribirles correos electrónicos, de hablarles por teléfono o de coincidir con ellos en el baño o en el comedor. Lo que se busca es que siempre estemos dispuestos a tener contacto formal e informal con todas y cada una de las personas que integran nuestro colectivo: propiciar un encuentro personal deliberado.

Hazles una llamada o video llamada, o mejor aún si es posible, ten una reunión cara a cara y verás que dedicando tan solo cinco minutos para escucharlos en cada acercamiento, lograrás resultados sorprendentes al cabo de poco tiempo.

José Manuel Vega Báez

Regla #2
La semejanza de Marte
Empatía como cimiento de afinidad

En las nociones iniciales enunciamos seis atributos que hacen de Marte el planeta más similar a la Tierra, sin embargo, también podíamos haber presentado una lista casi interminable de factores que los vuelven muy distintos; todo es cuestión del enfoque que se le quiera dar a ese ejercicio.

Identifica en tu colectivo las características que los hacen afines.

El líder de una agrupación que está expuesta a una crisis jamás puede darse el lujo de operar con base en diferencias. Por el contrario, debe empeñarse en encontrar los elementos que sean capaces de conjuntar a todos los miembros.

Apartémonos pues de los ya conocidos aspectos de discordia como son los temas de política y de religión —entre otros—, y concentrémonos en los que son capaces de congregarnos con fuerza, comenzando por la identidad de nuestra organización.

　　　　　José Manuel Vega Báez

Regla #3
El núcleo de Mercurio
Desarrollo del líder

Tal como nos lo muestra Mercurio: no importa la dimensión externa, lo que puede hacer una gran diferencia es la proporción del núcleo respecto a ese tamaño: los geólogos estiman que el núcleo de Mercurio corresponde a un 42% de su volumen total, comparado con la Tierra que es del 17%.

Fortalece tus capacidades personales.

El primer desarrollo que debe propiciarse es el auto desarrollo, por lo que en las temporadas difíciles es obligación del líder darse tiempo para buscar, encontrar y potenciar sus aptitudes y sus actitudes.

Por supuesto que no se trata de abandonar el campo de batalla y recluirse de manera indefinida en un centro formativo, pero sí de hacer un esfuerzo y dedicar un momento diario para la auto edificación. Por ejemplo, quienes están leyendo estas reglas de liderazgo "se están distrayendo" de la faena diaria, no obstante, el resultado que alcanzarán con el fortalecimiento de su capacidad personal compensará con creces el tiempo que "abandonaron" sus actividades rutinarias.

José Manuel Vega Báez

Regla #4
La termodinámica de Júpiter
Generosidad es dar con bondad

El gran tamaño de Júpiter lo vuelve un enorme blanco receptor de irradiación solar, sin embargo, la actividad interna de su gran masa gaseosa le hace generar más calor del que recibe.

Da más cosas buenas de las que recibes.

Justo esa debe ser la dinámica del líder en las temporadas difíciles: esparcir más bondad de la que recibe. ¡Haz la prueba! Recibiste una sonrisa, reparte dos; obtuviste un elogio, comparte tres; te dieron una buena noticia, difúndela a cuatro...

Pero tampoco esperes a que te llegue algo bueno para comenzar a ser generoso, ¿por qué no intentas dar el primer paso y convertirte en un precursor del intercambio de cosas buenas? Recuerda que la única condición es que al final del día en tu balanza pese más lo bueno que diste, que lo bueno que recibiste.

José Manuel Vega Báez

Regla #5
La rotación de Venus
Autenticidad con tono de optimismo

¿No es verdad que en los periodos complicados el pesimismo y la desesperanza tiñen el comportamiento de la mayor parte de los individuos? Tan cierto es lo anterior, como que la mayoría de los planetas rotan en sentido contrario a las manecillas del reloj.

> # Piensa, habla y actúa en sentido inverso a la mayoría.

Pues bien, al igual que Venus demuestra su autenticidad al atreverse a rotar al revés que los demás planetas, es indispensable que el líder la demuestre al ser capaz de pensar, de hablar y, sobre todo, de actuar infundiendo optimismo y esperanza.

Por tanto, utiliza todas tus capacidades para evaluar la situación crítica a la que te estás enfrentando de la forma más objetiva que puedas y, enseguida, dibuja en tu mente un escenario optimista, comunícaselo a tu colectivo y comienza a trabajar para alcanzarlo. Ten la certeza de que en los momentos de los grandes desafíos, lo que menos les sirve a las personas es que su líder les recite todos los aspectos negativos de la situación.

José Manuel Vega Báez

Regla #6
La cadencia de Saturno
Colectividad significa ritmo pertinente

De todos los planetas que hemos repasado, Saturno es el que posee la menor velocidad orbital. Este ritmo de avance en su recorrido alrededor del Sol permite que sus anillos no se le separen, puesto que si su tránsito fuera más veloz, con toda seguridad dejaría una estela de partículas anulares que después de un tiempo provocaría la desaparición de esos bellos anillos.

> **Avanza cuidando que ninguna persona a tu cargo se quede en el camino.**

Un líder de épocas difíciles debe asegurarse de marchar a la velocidad adecuada de manera que los integrantes de su colectivo puedan mantenerle el paso. ¿Cuántas veces no hemos sido testigos de guías que, en su ánimo de ganarle tiempo al tiempo, aceleran a toda su capacidad y solo consiguen dejar a su gente dispersa a lo largo del recorrido?

Por lo tanto, debemos estar atentos para sincronizar nuestra velocidad a las posibilidades reales de nuestro clan, pues siempre será más conveniente llegar todos juntos a la meta, que arribar más rápido en solitario habiendo desmembrado al colectivo en el trayecto.

José Manuel Vega Báez

Regla #7
El reino del Sol
Inspiración que genera confianza

Nuestro Sistema Solar toma su nombre de la única estrella que posee. Si bien además forman parte de este conjunto planetas, planetoides, satélites, asteroides, cometas y otros objetos cósmicos, todos ellos giran alrededor de la fuente más luminosa, que además los gobierna: el Sol.

Asegúrate que tu liderazgo rija en tu colectivo.

En las organizaciones es de esperarse que suceda algo similar, es decir, que exista una diáfana definición estructural que todo el mundo conozca y respete. Sobre todo en los períodos de gran reto.

¿Qué tienen de especial los tiempos de crisis para decidir y ejecutar? Sin duda alguna, el incremento de la complejidad: ya que el número de elementos que debemos tomar en consideración es más alto, las relaciones que se establecen son más numerosas, la variedad es más amplia, el ritmo de cambio es más rápido, la incertidumbre es más elevada y, por si fuera poco, el tiempo para decidir y actuar es más limitado.

Resulta entonces que la alternativa más conveniente para dirigir en épocas difíciles es aquella en la que todo el mundo tiene en claro que la persona que debe marcar las pautas para decidir y ejecutar es el líder. ¿Es este tu caso? ¿Qué hace falta para que lo sea?

José Manuel Vega Báez

Segundo Ciclo Cósmico
Reglas #8 a #14

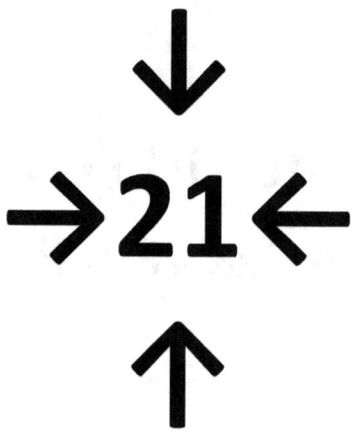

José Manuel Vega Báez

Regla #8
El ciclo lunar
Cercanía de las metas

Nuestro satélite invierte 28 días en completar su periodo orbital, es decir, en darle una vuelta completa a la Tierra. Mientras que nuestro planeta se tarda 365 días en darle una vuelta completa al Sol. Esto corresponde a una relación de 1 a 13, que podemos aprovechar más allá del entorno sideral.

Fracciona las metas de tu colectivo en partes pequeñas.

Como el tiempo parece transcurrir a una velocidad proporcional a la gravedad de la situación a la que nos enfrentamos, en los trances delicados resulta mucho más conveniente trabajar con asignaciones de plazo reducido.

¿Estás pasando por una temporada crítica? Transforma cuanto antes los años calendario en ciclos lunares: te aseguro que el tiempo extra que le dediques a esta actividad se verá recompensado con una extraordinaria ganancia de control y proximidad con tu gente.

José Manuel Vega Báez

Regla #9
El agua de Marte
Empatía como cimiento de fluidez

Debido a las características propias del planeta y, según las condiciones imperantes, el agua en Marte transita del estado sólido al gaseoso y viceversa, sin pasar por el estado líquido. De igual manera, en las épocas difíciles el líder debe ser capaz de lograr una conexión inmediata y recíproca entre la mente y el corazón de sus colaboradores.

Promueve la armonía de la racionalidad con la emotividad.

¡Atrévete a elevar el nivel de empatía con el que desaparece la barrera entre la razón y la emoción! Programa al menos una actividad cada semana en la que tú y tu equipo de trabajo se den la oportunidad de convivir de manera abierta.

Dependiendo de las circunstancias, las actividades pueden ser presenciales o virtuales. ¿Qué te parece una velada de juegos? ¿Una reunión para presenciar una competencia deportiva? ¿Un torneo de boliche o de futbol rápido? ¿Unas sesiones de baile de salón? ¿Una excursión o día de campo? Tú sabrás lo que más conviene, ¡solo es cuestión de hacerlo!

Regla #10
El hierro de Mercurio
Desarrollo de los colaboradores

¿Quién iba a imaginarse que el planeta más pequeño de nuestro Sistema Solar tendría el contenido de hierro más alto? Y si tomamos en consideración que el hierro es el metal más utilizado en la Tierra, se trata de un descubrimiento bastante relevante.

Identifica y desarrolla las cualidades de tus colaboradores.

Lo mismo sucede al interior de un equipo de trabajo. El líder debe evitar guiarse por las apariencias y analizar a sus colaboradores con la finalidad de buscar, encontrar y potenciar las fortalezas de cada uno de ellos.

Resulta imprescindible reconocer que muchas veces los ingredientes necesarios para salir adelante en los tiempos difíciles se encuentran en estado latente al interior de nuestra gente y que lo único que hace falta es propiciar su pleno desarrollo. ¡Qué mejor momento para intentarlo que en esta ocasión!

José Manuel Vega Báez

Regla #11
La contracción de Júpiter
Generosidad es dar con abnegación

El gran esfuerzo termodinámico y gravitacional de Júpiter le provoca un deterioro que tiene por consecuencia la contracción de su tamaño en cerca de dos centímetros por año. Pero si partimos del hecho de que su diámetro ecuatorial es de casi 143 mil kilómetros, entonces le tomaría cerca de 7,150 millones de años en desaparecer por esta causa.

> **Resiste el desgaste natural que traerá consigo tu proceder generoso.**

Trasladando esta ilustración a nuestra realidad, es innegable el debilitamiento que sufre un líder en temporadas complicadas, pero su contenido debe ser de tal majestuosidad que, pese a un ejercicio constante de la generosidad con quienes le rodean, al final de cuentas su deterioro será imperceptible. ¡Te invito a derrotar al cansancio con la satisfacción de dar!

José Manuel Vega Báez

Regla #12
La órbita de Venus
Autenticidad con tono de excelencia

Venus es el planeta que tiene la órbita más perfecta puesto que casi describe un círculo en su viaje alrededor del Sol. Y ya dijimos antes que es indispensable que el líder contrarreste la atmósfera negativa que impera en los tiempos de crisis, pero eso no es suficiente: el ejercicio del liderazgo en los momentos complicados debe pretender alcanzar el desempeño más impecable.

Orienta tu autenticidad hacia la excelencia.

Si analizamos lo que sucede en las épocas de bonanza nos daremos cuenta que los errores que se cometen muchas veces no se notan y, como todo es miel sobre hojuelas, tampoco impactan de forma significativa. Sin embargo, si cuando nos encontramos en una situación adversa se llegara a incurrir en uno de esos mismos errores, las consecuencias serían devastadoras.

De esta manera, es imperativo que en tiempos de crisis la autenticidad del liderazgo se manifieste en su más sublime expresión: aquella que pueda conducirnos al desempeño más perfecto posible. En otras palabras, siempre debemos preguntarnos: ¿es ésta la mejor forma de hacer las cosas? Y no conformarnos con menos.

Regla #13
La gravedad de Saturno
Colectividad significa cohesión pertinente

Debido a su naturaleza eminentemente gaseosa compuesta por 90% de hidrógeno y 5% de helio, Saturno cuenta con una fuerza de gravedad muy similar a la de la Tierra, no obstante que su volumen es casi 750 veces mayor. Esta característica permite una estabilidad entre el Saturno y sus anillos, ya que una mayor fuerza de gravedad fundiría a los anillos con el planeta, mientras que una menor fuerza de gravedad ocasionaría la dispersión de los mismos.

Mantén un adecuado nivel de cohesión grupal.

En el terreno del liderazgo uno de los retos más importantes en temporadas complicadas es el de lograr un equilibrio dinámico en la cohesión de un equipo de trabajo: poca cohesión originaría que los integrantes se diseminaran, al tiempo que demasiada cohesión daría como resultado el hacinamiento teniendo, en ambos casos, resultados poco satisfactorios.

Revisa con frecuencia el grado de unión real en tu equipo. Si identificas miembros aislados reúnelos antes de que te quedes sin algunos "anillos", lo que le restaría fuerza a tu grupo. Pero si descubres en algunos miembros un exceso de cercanía, apártalos con diplomacia antes de que desalienten al resto y se conviertan contigo en un ente monolítico, desaprovechando las ventajas de la pluralidad.

José Manuel Vega Báez

Regla #14
La luz del Sol
Inspiración que genera certidumbre

La presencia del Sol en el cielo es tan categórica que determina el día, al tiempo que su ausencia es tan contundente que define la noche. No existe un ente inanimado que tenga una influencia tan rotunda en los demás elementos del Sistema Solar.

Asegúrate que tu liderazgo ilumine a tu colectivo.

Al igual que el Sol, el líder de las épocas complejas debe convertirse en el factor que dibuje de forma nítida la diferencia entre la incertidumbre de la oscuridad y la certeza de la claridad. Los seguidores deben extrañar su presencia tanto como se ansía la llegada del amanecer después de una larga noche.

¿Cómo puedes saber si estás cumpliendo con esta regla? Hay varias maneras, pero una de las más reveladoras consiste en imaginarte que hoy tuvieras que dejar tu cargo y tu organización. ¿Qué pensaría tu gente al respecto? ¿Cómo sería su reacción? ¿Por qué razones te echarían de menos? No cabe duda que las respuestas a estas preguntas te darán un buen indicio sobre la cantidad de luz que significas para ellos.

Tercer Ciclo Cósmico
Reglas #15 a #21

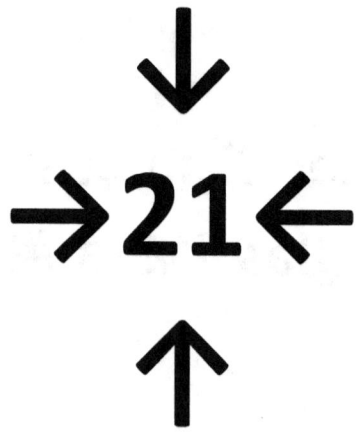

José Manuel Vega Báez

Regla #15
Las fases lunares
Cercanía de los resultados

Esta regla se origina como el corolario más importante de la del ciclo lunar; si aquella nos habló sobre la conveniencia de dividir las metas en plazos más cortos, ésta se refiere a los cuatro momentos dentro de cada uno de esos plazos: luna llena, luna menguante, luna nueva y luna creciente.

> ## Consigue resultados contundentes gestionando bien cada fase del proceso.

Los proyectos suelen comenzar en fase de luna llena, donde todo es luz, entusiasmo e ilusión. Con el paso del tiempo y la aparición de dificultades la fase cambia a luna menguante, en la que disminuye la luz y el entusiasmo: es una etapa de desilusión. En el tercer momento se presenta la fase de luna nueva, y la falta de luz y entusiasmo solo puede ser contrarrestada con dedicación para seguir avanzando. Finalmente se pasa a la fase de luna creciente en la que se ve la luz al final del camino, se recupera el entusiasmo y se evoluciona para encontrar de nuevo la luna llena.

Este recorrido es más sencillo cuando se resuelve en cada una de las metas fraccionadas producto de la regla del ciclo lunar: se alcanzará un nuevo resultado cada luna llena, cuya celebración impulsará hacia el siguiente reto que se afrontará con inmejorable ánimo grupal.

José Manuel Vega Báez

Regla #16
El color de Marte
Empatía como cimiento de unidad

Marte era el dios romano de la guerra y el color del llamado Planeta Rojo, relacionado con la sangre, favoreció para que a ese cuerpo espacial se le considerara como un símbolo bélico y para que fuera bautizado con el nombre de Marte. Sin embargo, con independencia de lo que aparenta hacia el exterior, internamente es un planeta bastante estable.

Encauza el ímpetu de tu colectivo hacia batallas externas.

En temporadas difíciles un buen líder debe disminuir al máximo los conflictos al interior de su equipo, canalizando esa energía grupal hacia afuera encabezando una causa colectiva.

Si eres capaz de encontrar ese motivo inspirador para tu gente que la impulse a enrolarse en las filas de un ejército, muy pronto te verás al frente de una tropa imparable. ¿Qué te parece revisar si la misión de tu colectivo puede ser utilizada como un apasionado grito de guerra?

Regla #17
La velocidad de Mercurio
Desarrollo con agilidad

Nuestra Tierra invierte 365 días en darle una vuelta al Sol mientras que Mercurio lo hace en 88 días, por lo que construyendo una visión imaginativa, Mercurio tiene una experiencia como viajero sideral cuatro veces mayor a la que tiene la Tierra. En otras palabras, mientras la Tierra cierra un ciclo, Mercurio cierra cuatro.

> **Cerciórate que el desarrollo personal en tu colectivo se lleve a cabo de forma ágil.**

Trasladando esta visión imaginativa de cuatro a uno al terreno del desarrollo personal, resulta claro que en los períodos complejos es imposible darse el lujo de cursar programas extensos o de leer libros voluminosos —actividades que quizá podrían ser completadas cuando la crisis hubiera concluido—, más bien debemos utilizar medios ágiles que permitan cerrar cuatro ciclos en el tiempo en que antes se cerraba uno, o bien que permitan desarrollar a cuatro personas con los recursos con los que previamente se desarrollaba a uno; ¡y qué mejor que las dos cosas de forma simultánea!

A la luz de esta regla, ¿qué te parecería compartir de inmediato este material con tu gente?

José Manuel Vega Báez

Regla #18
La atracción de Júpiter
Generosidad es dar sin límites

La grandeza de Júpiter incluye la mayor fuerza de gravedad de todos los planetas del Sistema Solar. Esto le permite tener una influencia sideral en sus decenas de satélites descubiertos hasta ahora, pero además, su poderoso campo gravitacional rige las órbitas de numerosos asteroides, de los denominados troyanos.

> **Esfuérzate en que tu generosidad traspase fronteras.**

A semejanza de Júpiter, el líder en épocas adversas debe tener una fortaleza interna que le permita brindarse en generosidad con los integrantes de su equipo y, si fuera necesario, también con otros miembros de la organización que, sin contar con la fortuna de tener un buen líder, viajan por el espacio empresarial de manera aislada.

José Manuel Vega Báez

Regla #19
El brillo de Venus
Autenticidad con tono resplandeciente

Venus es uno de los siete cuerpos cósmicos que cambian de posición relativa en la bóveda celeste y que pueden ser vistos de noche sin la ayuda de instrumentos. Pero al mismo tiempo, es el único planeta cuyo brillo puede ser observado a simple vista en algunos momentos del día, condición que lo vuelve singular.

Aprende a resplandecer de manera permanente.

De forma semejante, el buen líder de las temporadas difíciles no solo logrará destacar cuando el escenario sea sombrío, sino que una vez que domine el arte de dirigir en la adversidad, le será mucho más fácil también sobresalir en épocas de prosperidad.

¡Te invito a que te atrevas a brillar en la oscuridad! ¡Ya verás que esta misma cualidad te permitirá iluminar cuando la luz domine de nuevo el escenario!

José Manuel Vega Báez

Regla #20
La forma de Saturno
Colectividad significa adaptación pertinente

Saturno es el planeta más achatado de los polos y, por tanto, el de mayor dimensión ecuatorial relativa. Se especula que este fenómeno es el resultado de una equilibrada interacción entre el planeta y sus anillos pues, si bien Saturno ejerce atracción sobre sus anillos, también ellos se manifiestan de manera activa logrando moldear la forma del planeta, situación que en esta adecuada combinación beneficia a todas las partes.

> **Transfórmate en la figura más conveniente para tu colectivo.**

De manera análoga, la mejor expresión que un líder puede tener con relación a su genuino interés por sus colaboradores, consiste en la capacidad de percibir sus necesidades y moldearse de la manera más adecuada para su equipo. En otras palabras, ¿tu gente te pide más optimismo? Sé más entusiasta. ¿Te solicitan más comprensivo? Sé más condescendiente. ¿Te demandan más amable? Sé más considerado.

Regla #21
La energía del Sol
Inspiración que genera vida

Si bien la luz constituye una gran aportación del Sol para el resto de los cuerpos celestes, el conjunto de la energía que esparce es algo mucho más significativo ya que, además de transformarse en luz, calor y movimiento, esta energía es la responsable natural del origen y preservación de la vida en los entornos posibilitados para ello, como lo es nuestro planeta Tierra.

Propicia el nacimiento de nuevos líderes.

En el plano del liderazgo ocurre algo parecido, pues en las temporadas complicadas no basta con que nuestra gente perciba nuestra luz; es indispensable que les contagiemos una energía que los fortalezca y los proyecte a alcanzar el máximo desempeño que les permitan sus capacidades, incluyendo la de dirigir a otros. Solo en ese momento podremos decir que el líder ha consumado por completo su encomienda.

¿Eres bueno para guiar a los demás en tiempos de adversidad? ¡Felicidades! Pues estás cumpliendo con una parte fundamental del liderazgo. Pero mientras no seas capaz de aprovechar las circunstancias difíciles para formar nuevos líderes tu labor en esta cuestión se encuentra inconclusa. ¡Esfuérzate para que tu luz encienda nuevas luces!

Epílogo

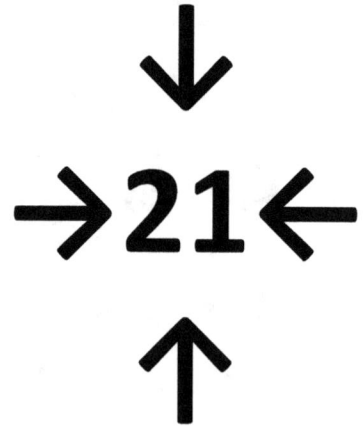

José Manuel Vega Báez

La oscuridad de la noche ha cedido...
Se vislumbran los primeros rayos de luz...
Todo parece cobrar nueva vida...
Nos recorre un entusiasmo indescriptible...
¡La crisis ha concluido!

El propósito de esta obra fue darte a conocer de forma concisa y aplicable las 21 reglas celestes para liderar con éxito en tiempos adversos.

Espero que a lo largo de estas páginas hayas encontrado conceptos interesantes, pero sobre todo, cien por ciento provechosos para ti y tu colectivo lo cual, en última instancia beneficiará también al resto de quienes compartimos con ustedes este maravilloso viaje cósmico a través del tiempo y del espacio infinitos.

¡Ánimo y ACCIÓN!

Te invito a integrarte a mis comunidades en Whatsapp, Twitter, Linkedin o Facebook.

José Manuel Vega Báez
info@seriecima.com
www.seriecima.com

Sobre el Autor

El doctor José Manuel Vega Báez nació en la Ciudad de México en 1962. Es casado, padre de tres hijos y gusta del deporte.

Tiene 43 años de trayectoria empresarial y ha desempeñado diversos cargos directivos en la iniciativa privada, el sector público, agrupaciones deportivas e instituciones educativas. Como consejero y consultor ha intervenido en varias organizaciones mexicanas y trasnacionales.

A partir de su experiencia de integrar y dirigir colectivos de alto desempeño ha publicado 22 libros sobre liderazgo: un long seller y varios best sellers en Amazon, convirtiéndose en el escritor de habla hispana más prominente de este tema, del cual es conferencista y facilitador internacional.

En 1992 recibió el grado de Doctor en Administración, cursando los estudios de Maestría en Ingeniería, Maestría en Sistemas, Maestría en Dirección de Empresas, Licenciatura en Sistemas y los Diplomados en Negocios Deportivos, Asesoría Educativa, Humanismo Integral, Desarrollo Sustentable y Alta Dirección.

Desde hace 35 años ha sido catedrático a nivel licenciatura, maestría y doctorado en el área de Gestión de Sistemas Organizacionales en diversas instituciones latinoamericanas de gran prestigio.

Actualmente es profesor de la Escuela de Negocios del Tecnológico de Monterrey, Conferencista de Speakers México, Miembro Platinum de la Red Mundial de Conferencistas y Socio Director de SERIE CIMA, firma especializada en liderazgo.

José Manuel Vega Báez

Su obra completa incluye los siguientes títulos:

1. Modelo de Estudio Curricular Post-Maestría en el Área de Sistemas (1991)
2. Introducción al Estudio del Pensamiento Transdisciplinario (1992)
3. Creatividad e Innovación en la Administración (1993)
4. Un Rostro Incompleto (1994)
5. Diseño del Sistema de Información de una Empresa (1995)
6. Secretos de Empresa (1995)
7. Modelación Estructural de Sistemas (1996)
8. Primera Guía de Acciones Emprendedoras (1998)
9. Rumbo a la Cima −novela para el nuevo líder (2002)
10. ¿Ya Encontraste tu Queso? −un cuento para nuevos líderes (2005)
11. Un Líder para México 2006 (2006)
12. Propuesta para la Valoración del Nivel de Liderazgo en Funcionarios Públicos de Alto Perfil (2007)

13. La Biblia de la Motivación –obra en coautoría (2008)
14. Liderazgo en Tiempos de Crisis (2009)
15. Lecciones de Liderazgo de los Directores Técnicos del Mundial (2010)
16. Adriana –un relato de liderazgo juvenil (2011)
17. 250 Cápsulas de Liderazgo (2012)
18. Liderazgo en la Cumbre –obra en coautoría (2012)
19. Liderazgo: diez años de aportaciones (2012)
20. Rumbo a la Cima 10 –sé un líder de alto desempeño (2013)
21. Mi Líder Favorito (2014)
22. Mucho Éxito en tu Negocio Propio: los cimientos del liderazgo emprendedor (2015)
23. 500 Cápsulas de Liderazgo (2016)
24. Ahí Viene un Tiburón –cómo ser un buen líder ante la adversidad (2017)
25. Liderazgo Mundialista 2018 –lecciones de aciertos y errores de los mejores entrenadores (2018)
26. Liderazgo Sobresaliente –cómo lograr resultados superiores y sostenibles (2018)

José Manuel Vega Báez

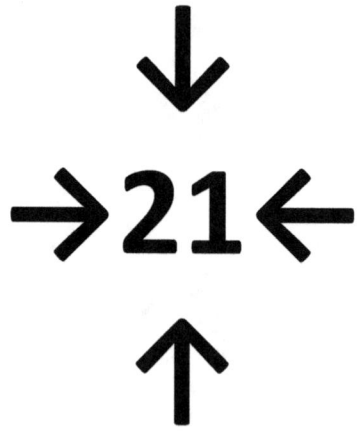

José Manuel Vega Báez